AF369725

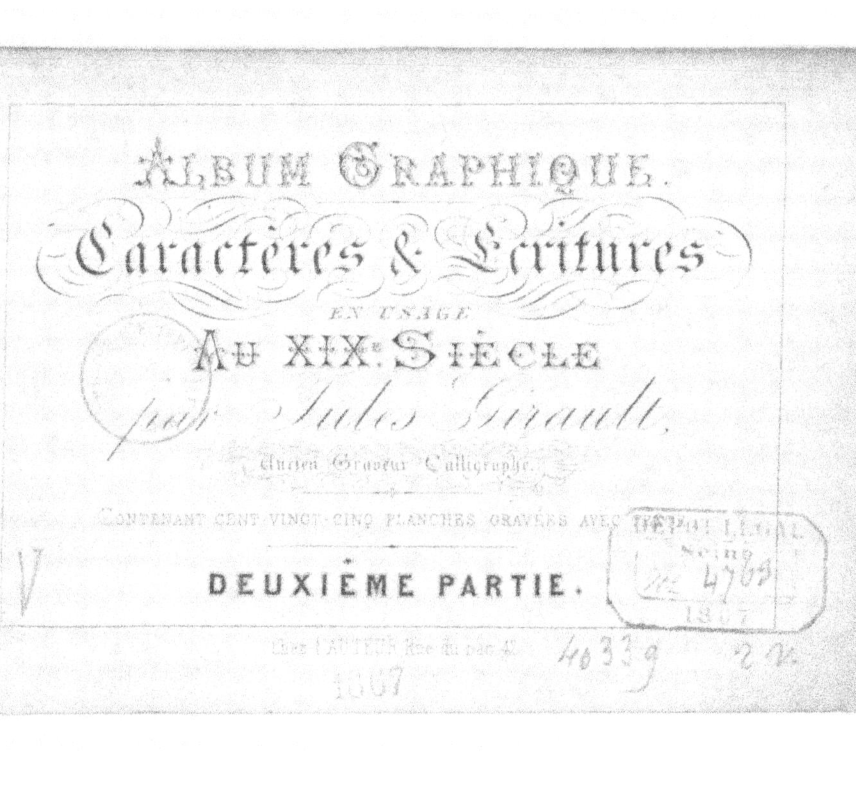

ALBUM GRAPHIQUE.
Caractères & Écritures
EN USAGE
AU XIXe SIÈCLE
par Jules Girault,
Ancien Graveur Calligraphe.
CONTENANT CENT-VINGT-CINQ PLANCHES GRAVÉES AVEC
DEUXIÈME PARTIE.
Chez L'AUTEUR Rue du Bac 42
1867

MONOGRAMMES. *(13 planches.)*

Le Monogramme est un caractère factice composé des principales lettres d'un nom et quelquefois de toutes.

C'est une espèce de chiffre qui date des premiers temps de notre histoire.

C'est une marque distinctive que chacun pourrait se créer.

Les signatures de nos anciens Rois étaient des Monogrammes.

Aujourd'hui cette marque, pour l'homme de goût, doit avoir le cachet de cette époque. Nos devanciers avaient su la créer en se servant de la capitale qui a précédé la gothique et les autres caractères.

En consultant ces treize planches contenant sept cents chiffres et monogrammes dont cent vingt noms différents, le Graveur ou Calligraphe pourra facilement composer tel monogramme qu'il voudra, et même en plusieurs langues, à l'aide des caractères étrangers dont je donne des alphabets en écriture capitale.

J'ai varié à l'infini la forme des lettres dans ces treize planches tout en conservant le type des anciens manuscrits.

Les alphabets, qui se trouvent dans l'ouvrage, composés d'après les premiers siècles de notre ère et la variété des ornementations qui les accompagnent, lui faciliteront ce travail.

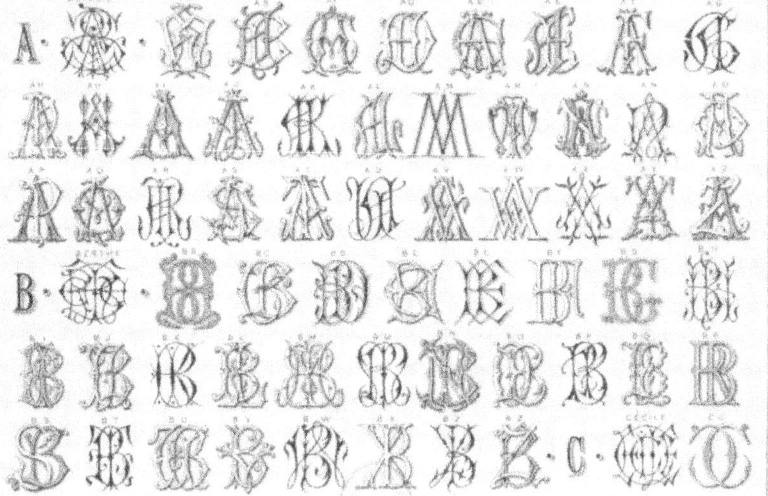

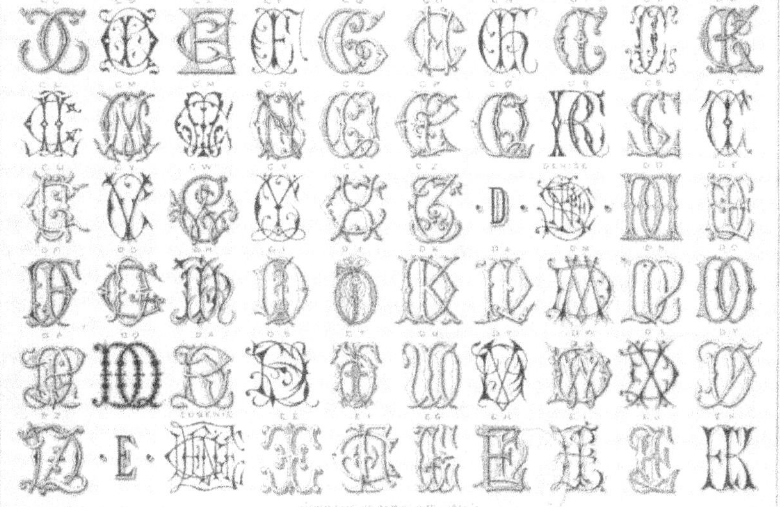

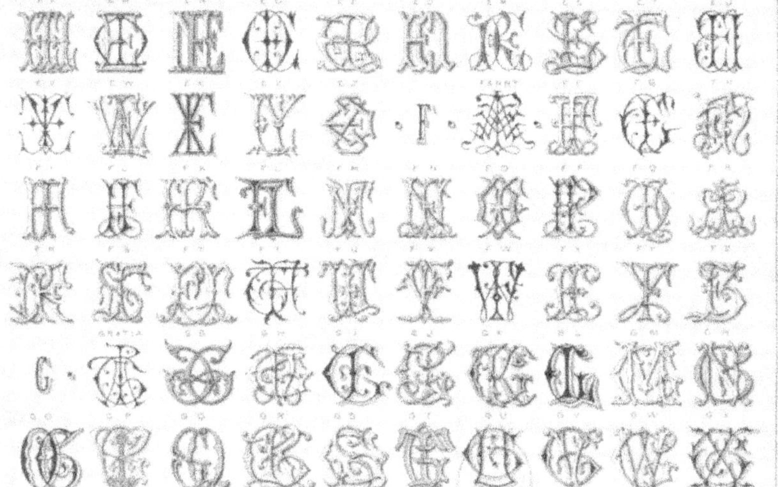

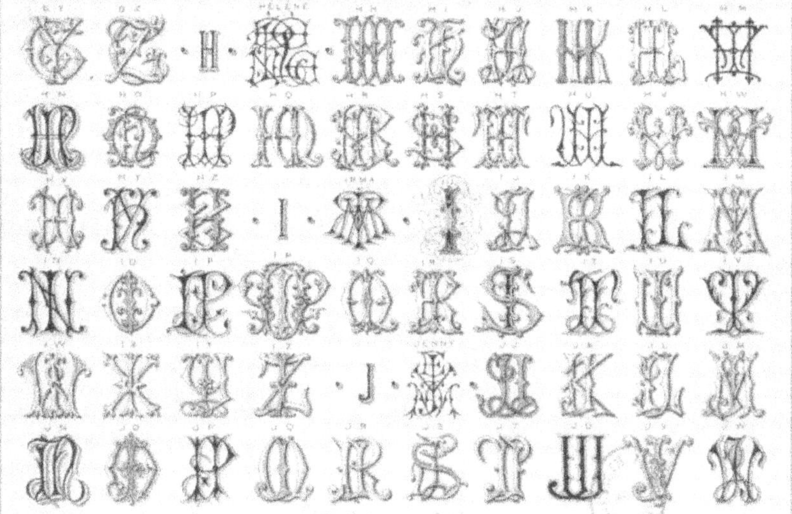

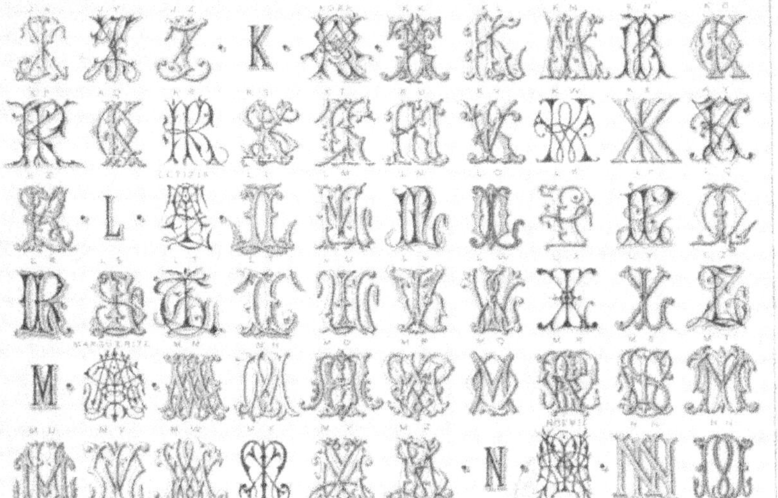

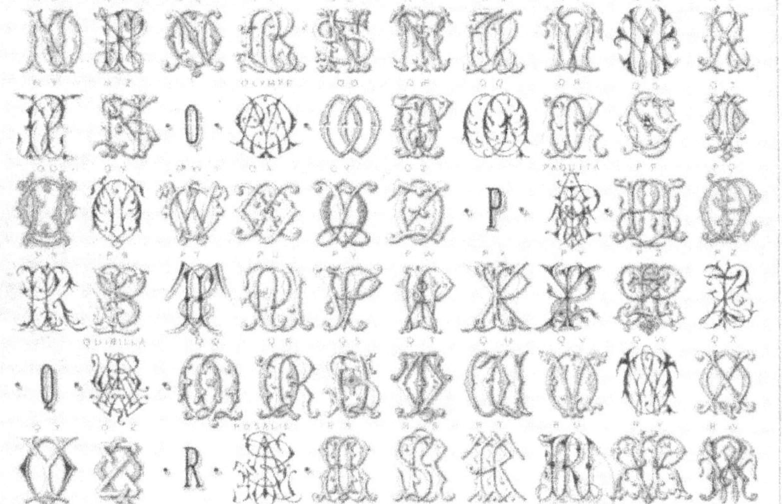

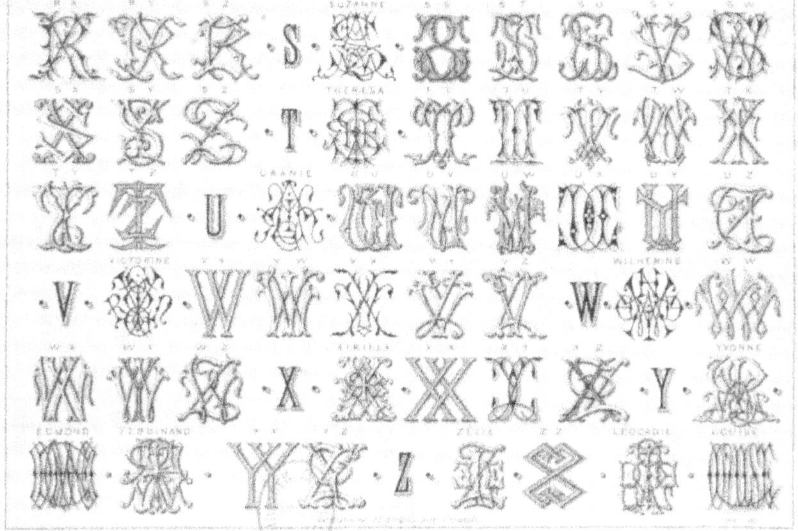

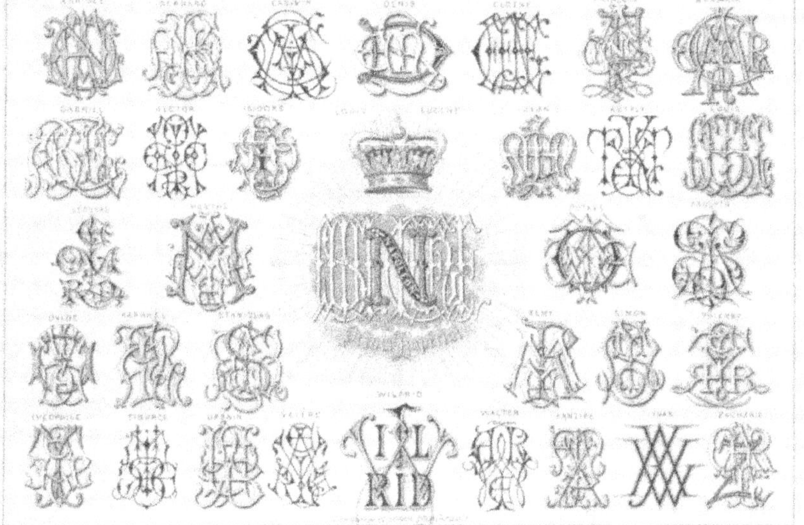

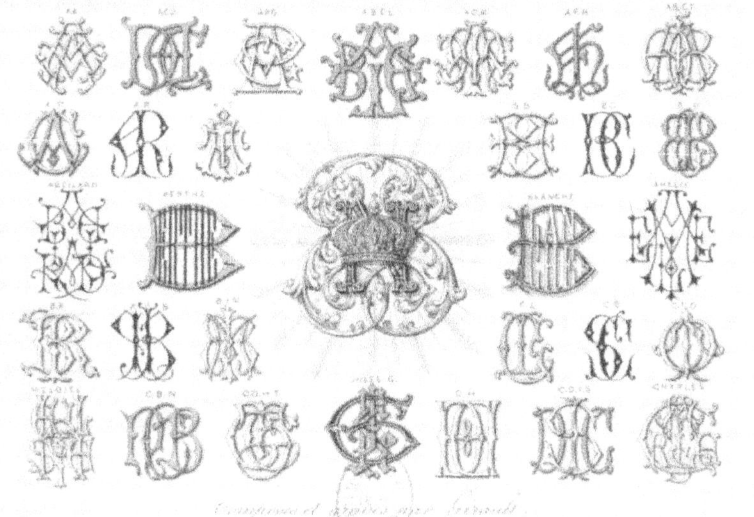

MONOGRAMMES

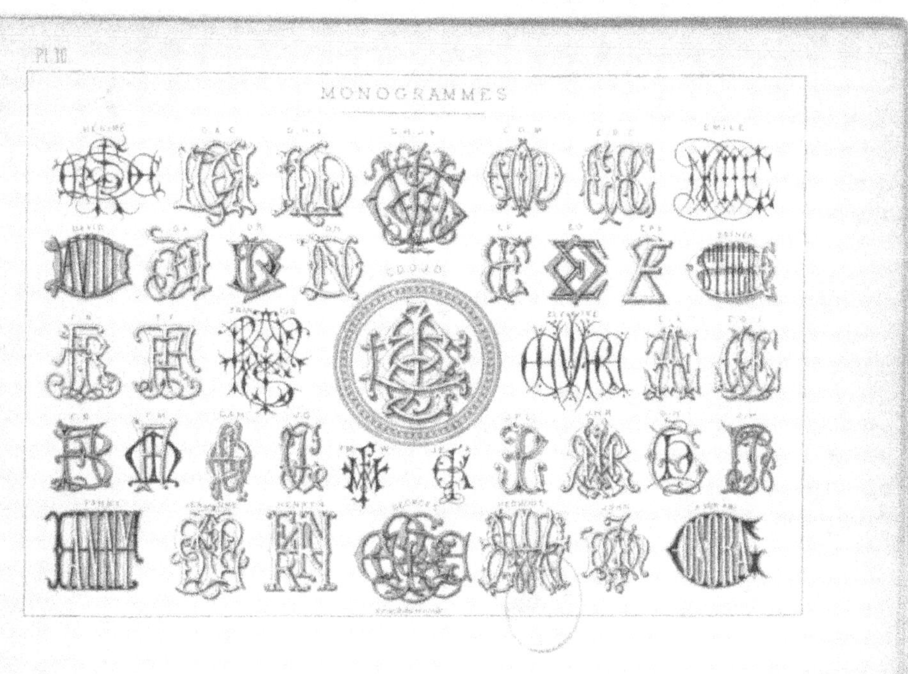

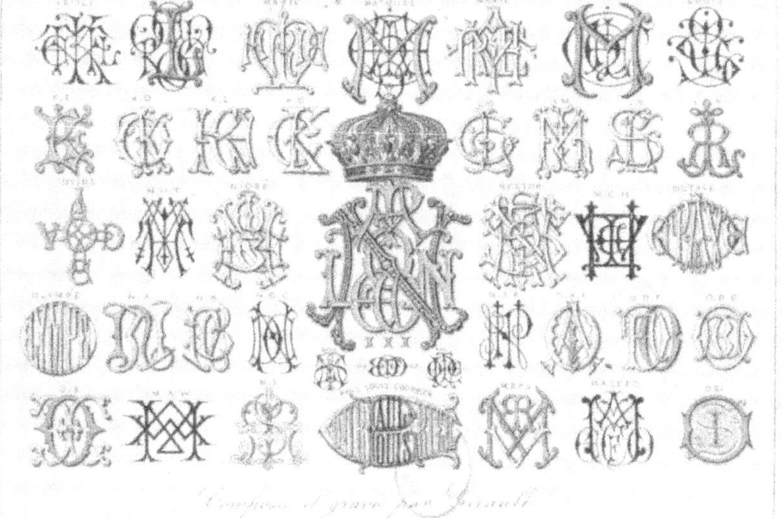

MONOGRAMMES

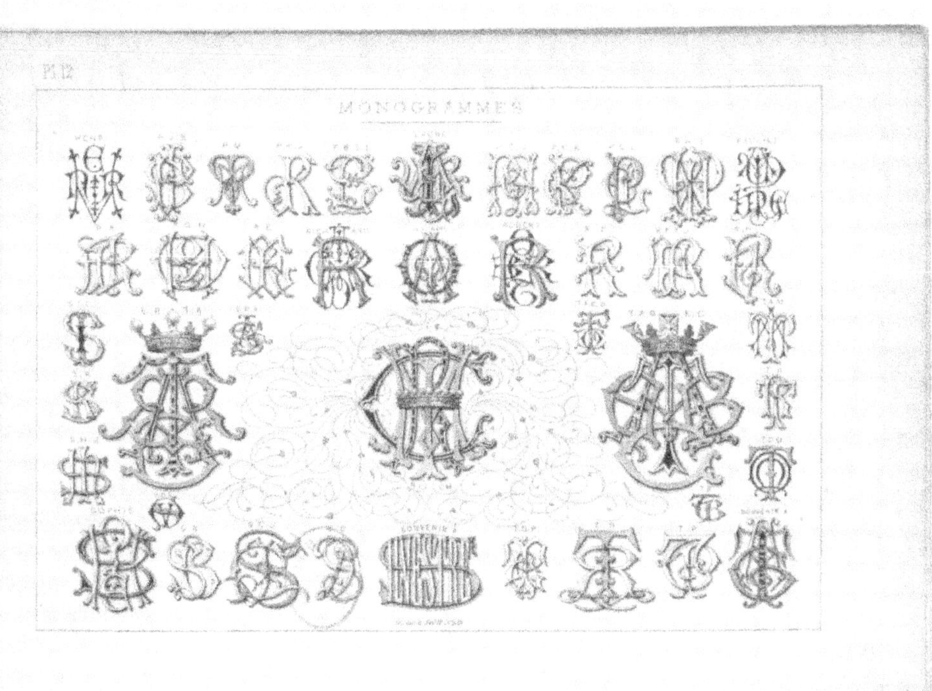

MONOGRAMMES.

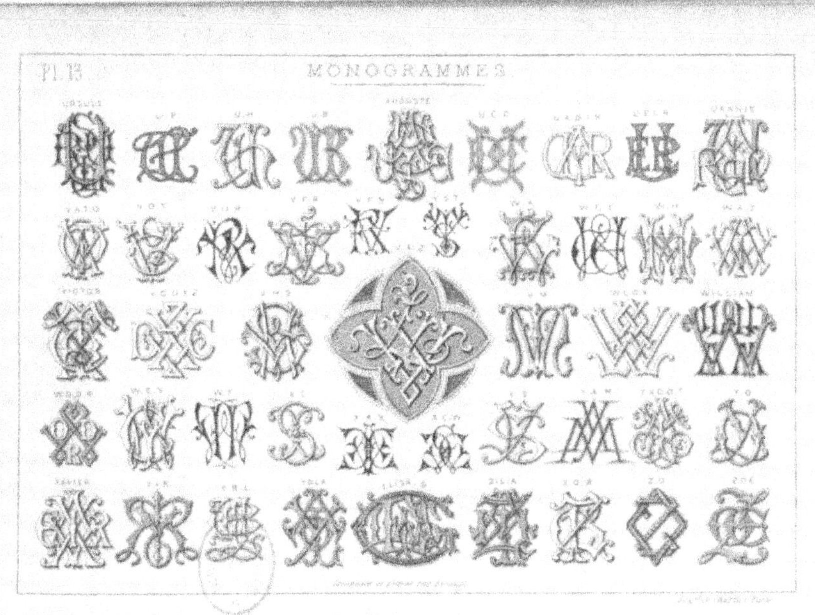

ÉCRITURES ANGLAISE ET ITALIENNE *(39 planches)*.

Les Français avaient, comme caractères à leur usage, *la Ronde, la Bâtarde, la Coulée* et l'écriture expédiée qui présentent un aspect sévère et régulier.

La Gothique, sans perdre son importance, était abandonnée comme écriture usuelle.

Les Calligraphes anglais SNELL en 1693, AYRES en 1695, etc., firent paraître des ouvrages où notre *Bâtarde* figure avec l'italienne modifiée d'après celle des Calligraphes italiens.

Ainsi, ce fut d'après la *Bâtarde*, écriture française, que les Calligraphes anglais TOMKINS en 1785, MILNS en 1787, tirèrent leur écriture anglaise qu'ils ont perfectionnée au plus haut degré et rendue si élégante par leurs sublimes compositions.

Pour écrire ces caractères, ils ont substitué à la plume en gros celle à deux becs fins, que les Italiens employaient depuis longtemps pour écrire leur italienne ; cette plume permet une plus grande promptitude d'exécution et une plus grande facilité pour le jeté des traits et des grandes lettres.

Cette écriture élégante est généralement adoptée par tous les peuples ; plusieurs ont assimilé leurs caractères nationaux à la forme des lettres anglaises. Les Russes, les Arméniens, les Grecs et les peuples de l'Europe en font usage.

J'ai donc donné, comme exemples, toutes les variétés de ces genres de caractères. Écriture posée, expédiée, et même ornementée de traits et d'enlacements.

Bien exécutée, cette écriture tend à devenir générale.

Celui qui aime le travail se suffit à lui même.

LA CIGALE & LA FOURMI
Fable

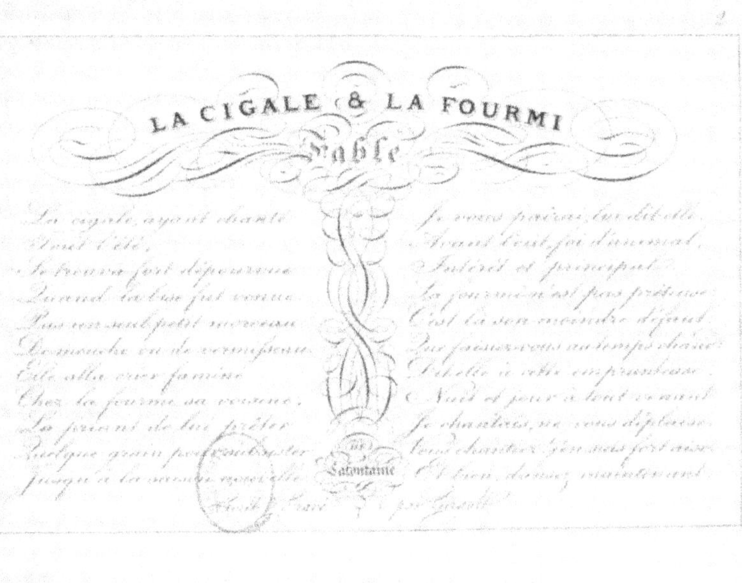

La cigale, ayant chanté
Tout l'été,
Se trouva fort dépourvue
Quand la bise fut venue :
Pas un seul petit morceau
De mouche ou de vermisseau.
Elle alla crier famine
Chez la fourmi sa voisine,
La priant de lui prêter
Quelque grain pour subsister
Jusqu'à la saison nouvelle.

« Je vous paierai, lui dit-elle,
Avant l'août, foi d'animal,
Intérêt et principal. »
La fourmi n'est pas prêteuse :
C'est là son moindre défaut.
« Que faisiez-vous au temps chaud ?
Dit-elle à cette emprunteuse.
— Nuit et jour à tout venant
Je chantais, ne vous déplaise.
— Vous chantiez ? j'en suis fort aise.
Eh bien ! dansez maintenant. »

DE LA
Sotte Vanité.

La sotte Vanité semble être une
passion inquiète de se faire valoir par les
plus petites choses ou de chercher dans les
sujets les plus simples et les plus frivoles
du . Nom ; de la . Distinction .

Embellissements et Transformation

de la

Ville de Paris

Sous le Règne

de S. M. Napoléon III

M. le Sénateur B.on Haussmann Préfet de la Seine

abcdefghijklmnopqrstuvwxyz

ABCDEFGHIJKLMNOPQR STUVWXYZ

On peut être sot avec beaucoup d'Esprit

Travail

Jules Girault

1866.

Italienne

a b c d e f f g h i j k l m n o p q r s t u v w x y z

Celui qui ne sait pas se taire sait rarement bien parler.

Emploi du Temps

...yons avec ce temps, ne
laissons sortir les heures de nos mains
qu'avec épargne, qu'avec fruit, qu'avec
autant de regret que lorsque nous voyons
notre vie ne souffrons pas qu'aucun de nos
jours s'écoule sans avoir profité le trésor
de nos connaissances & de nos vertus.

Gigault sculp.

Armentières

Nord

Ville de l'industrie pour la fabrication des toiles.

Alphabet d'Écriture Anglaise

par Jules Girault

Anc. Grav. Calligraphe

PARIS

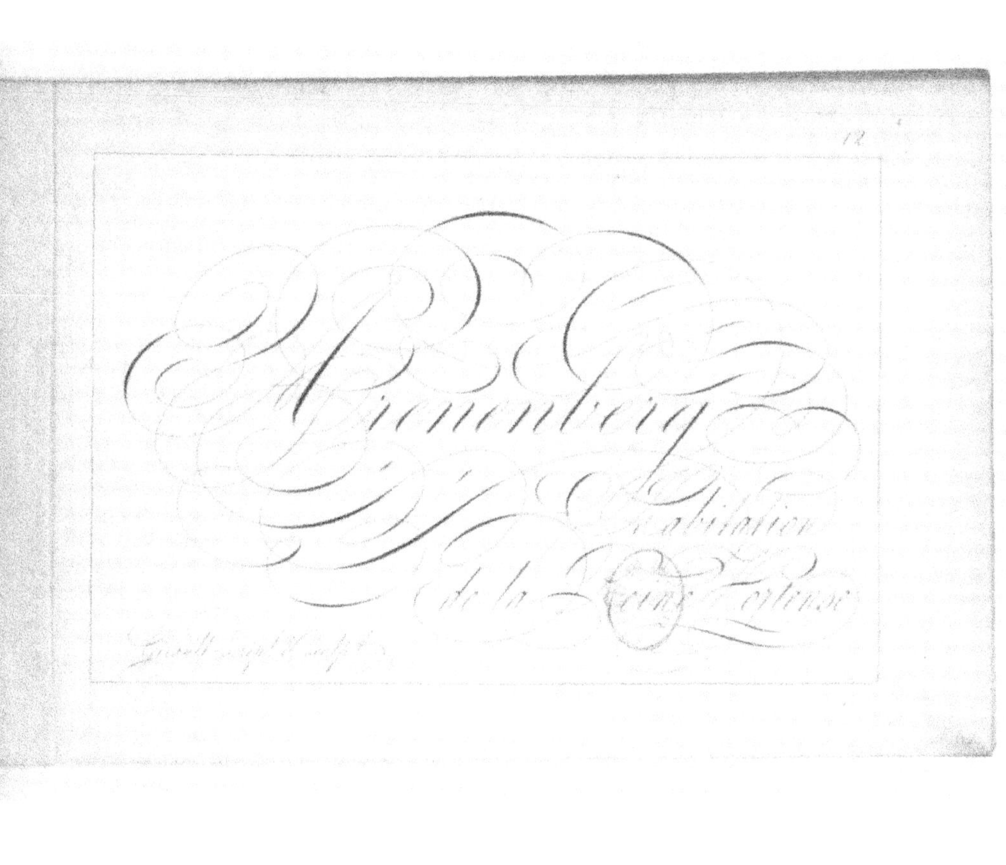

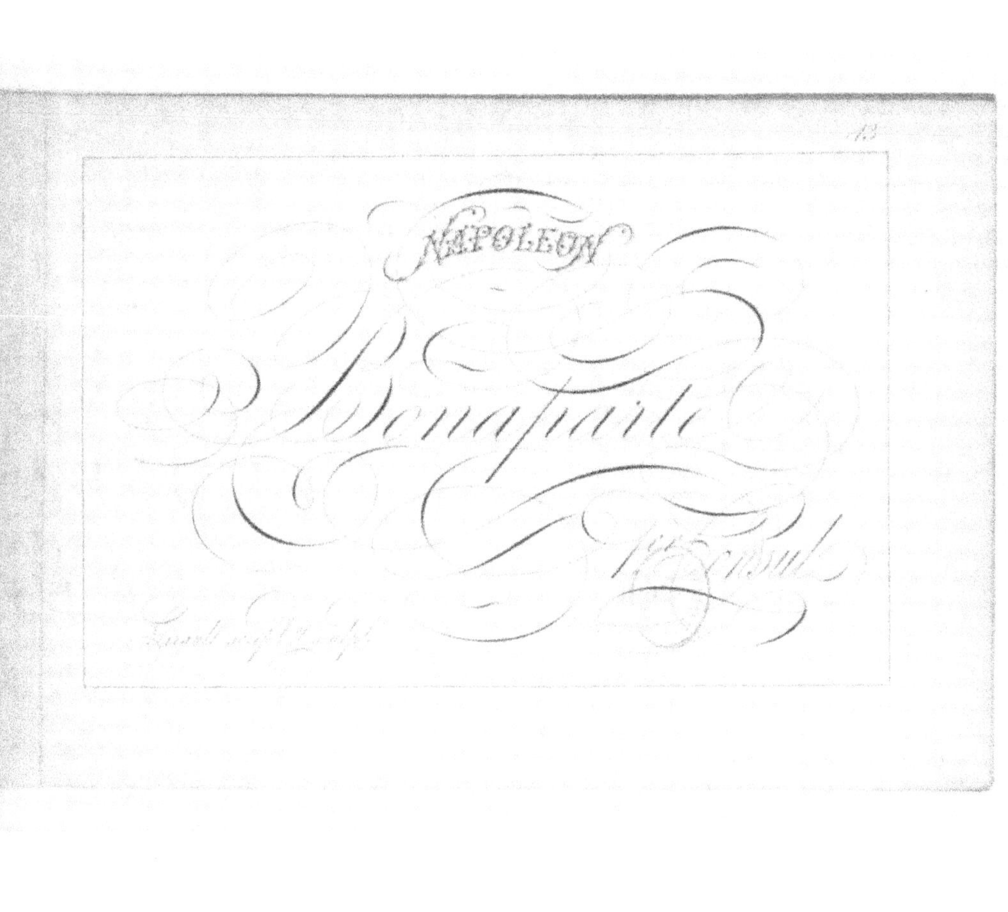

NAPOLÉON
Bonaparte
1.er Consul

Les Commandements de Dieu

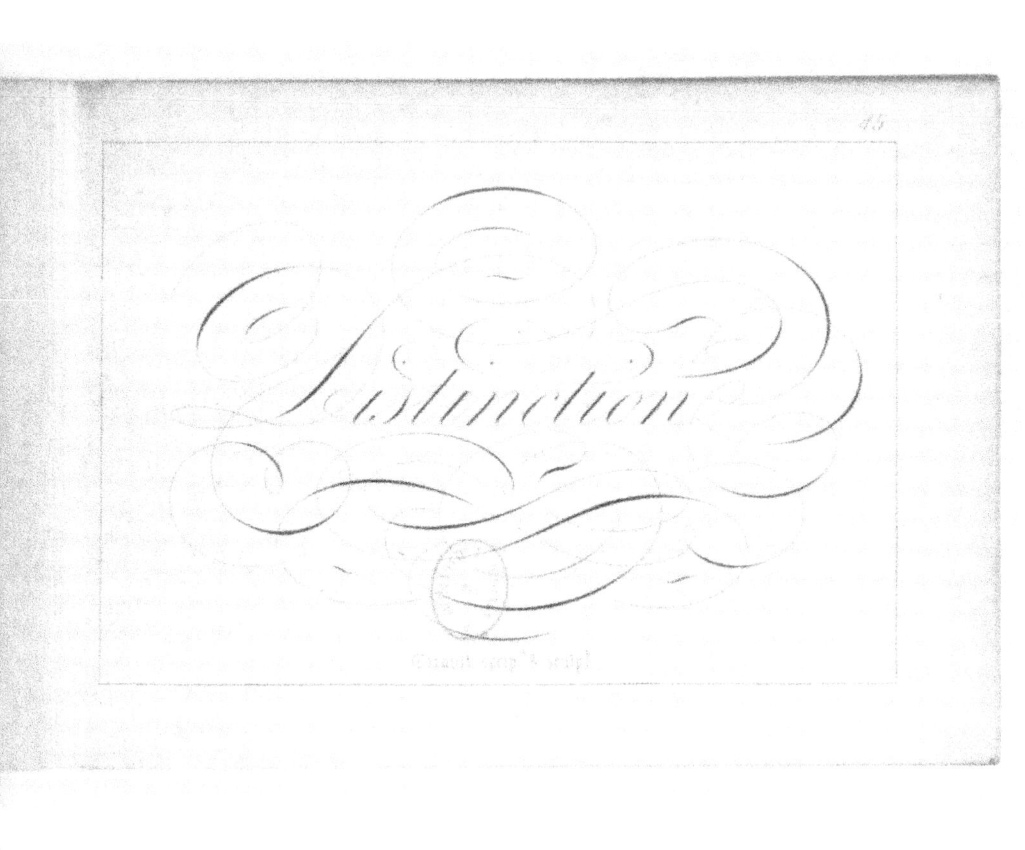

Durand scrip.t & sculp.t

États Généraux

Franchement

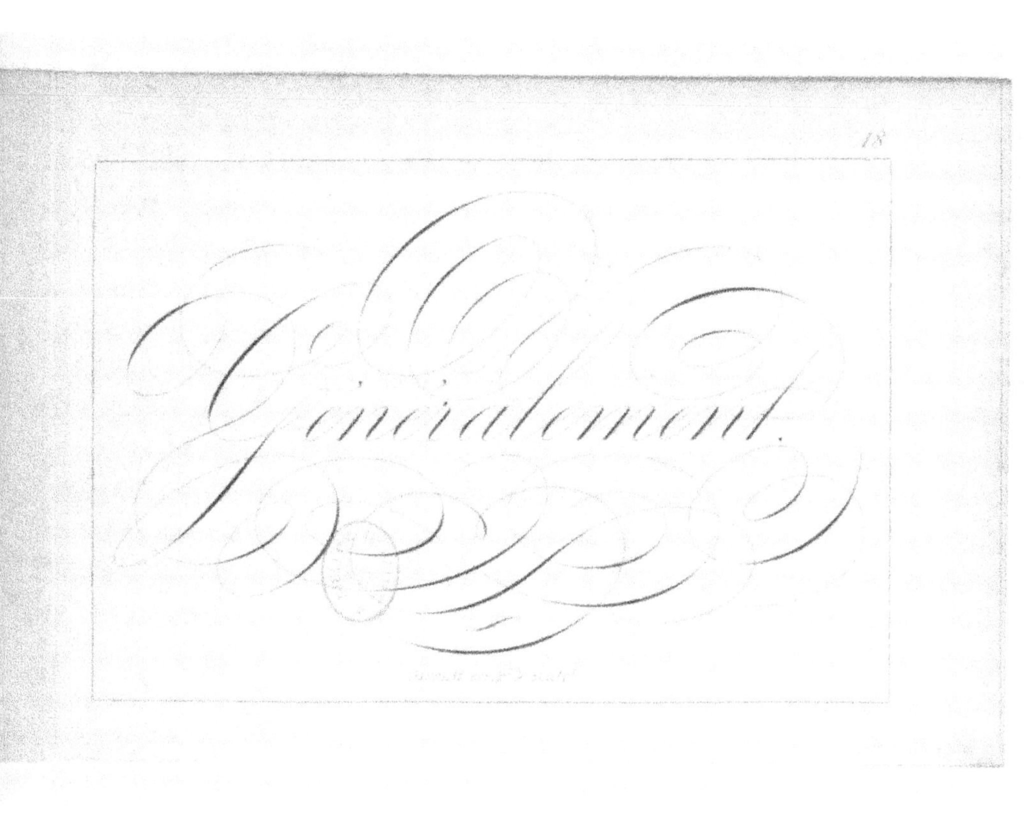

Généralement.

Belle
Harmonie
Italienne.

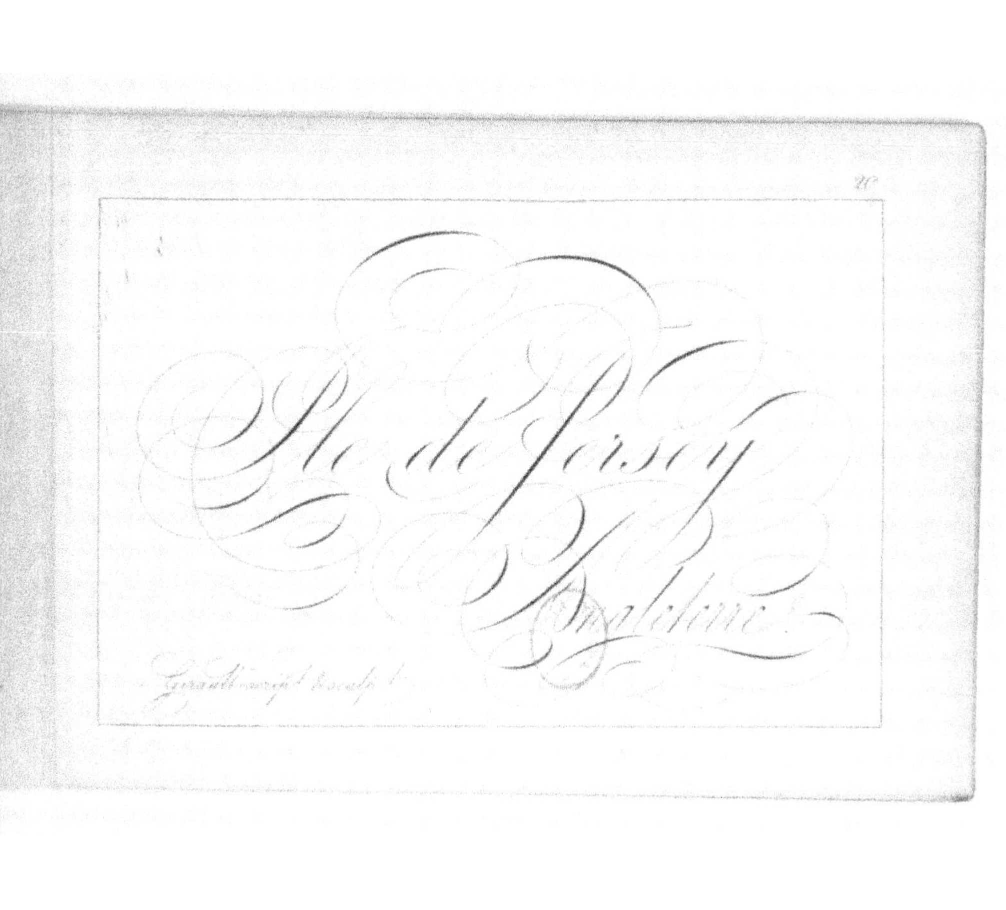

Ile de Jersey
Angleterre

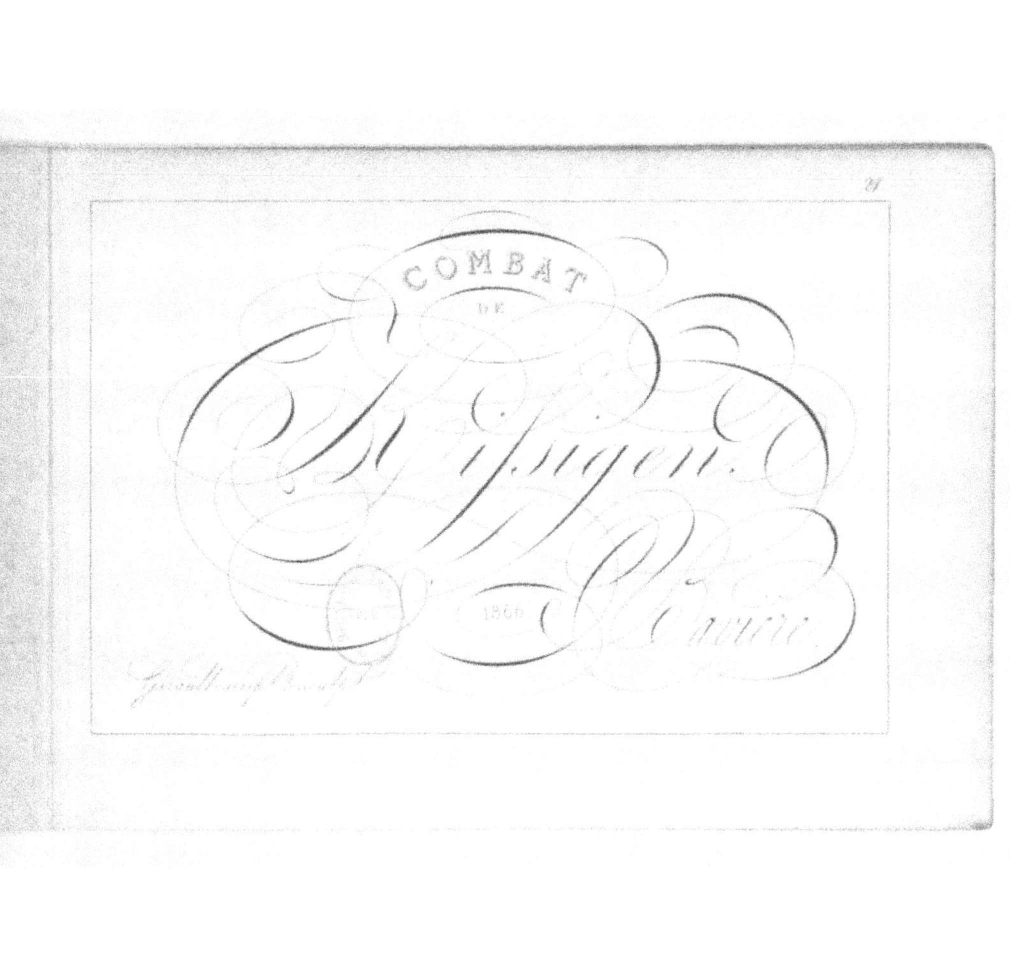

COMBAT
DE
1806

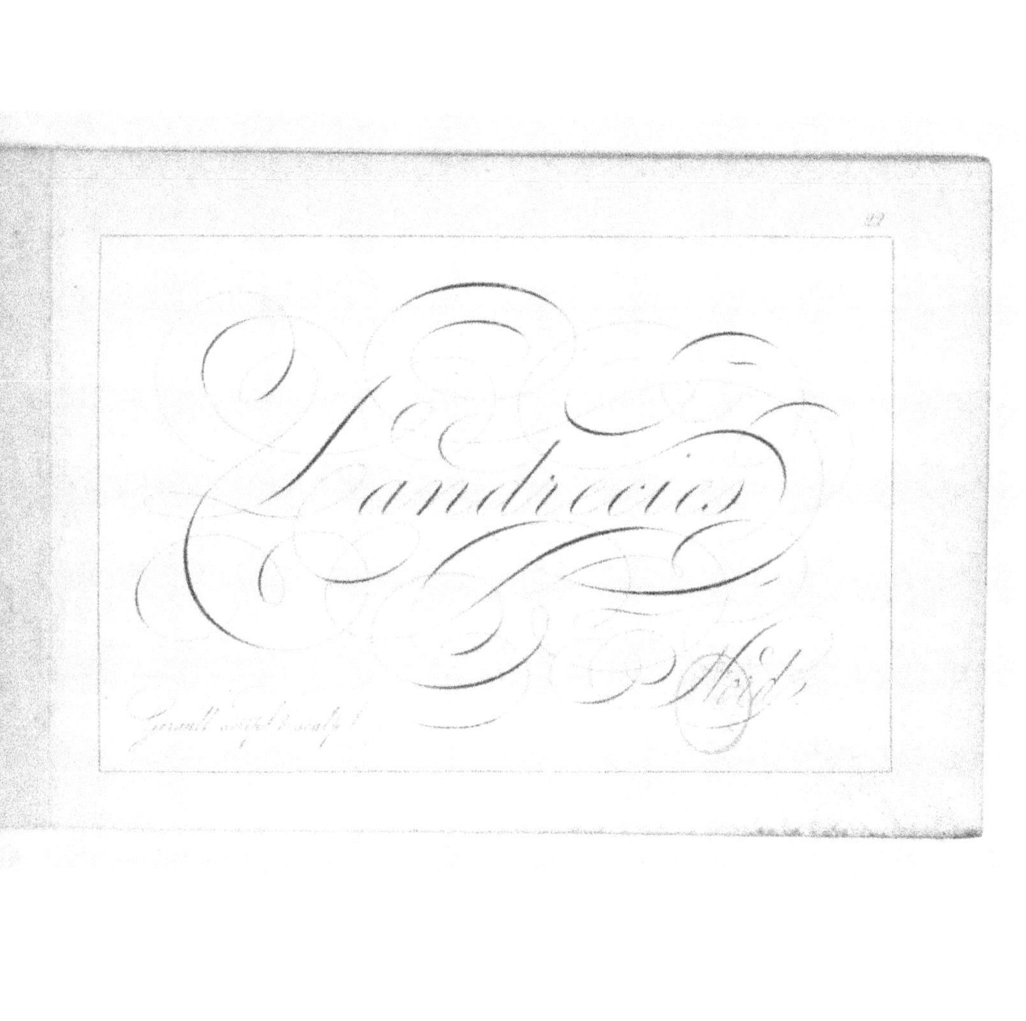
Landrecies

Mendelsohn

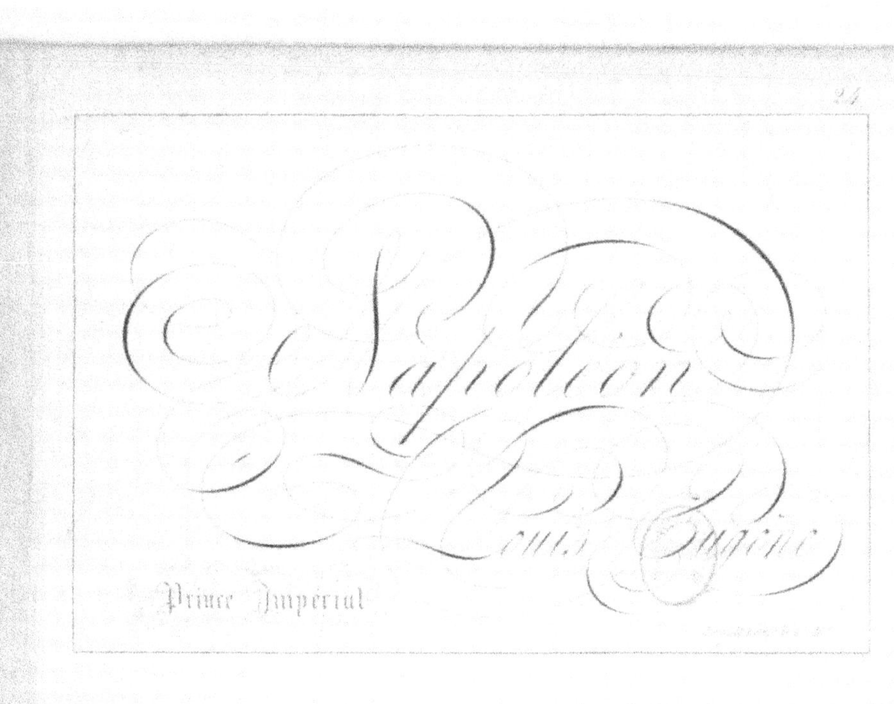
Napoléon
Louis Eugène
Prince Impérial

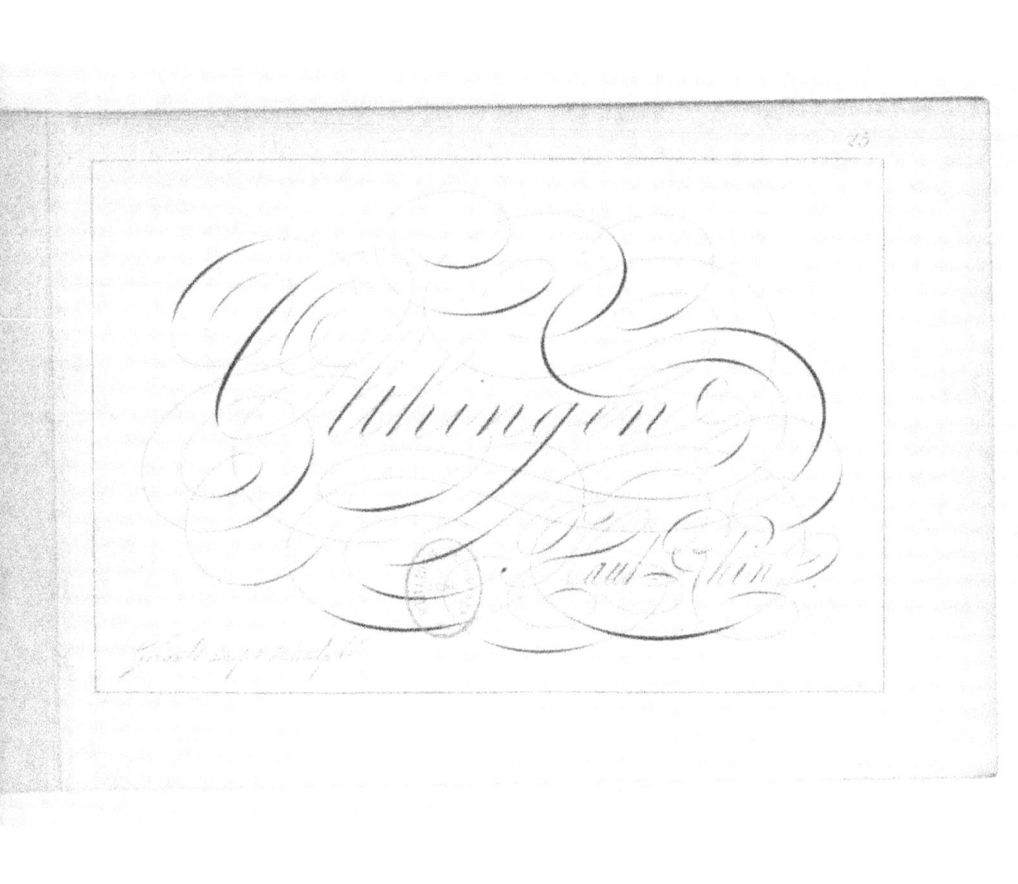

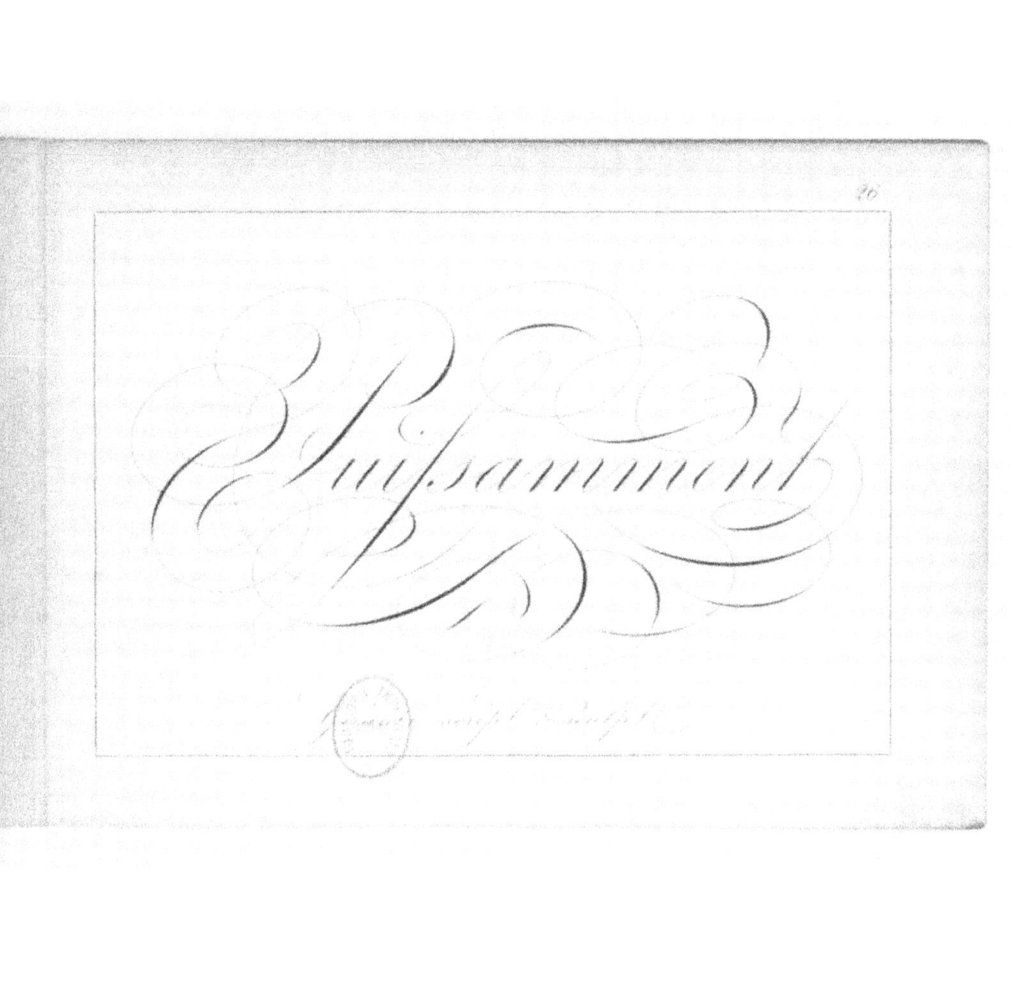

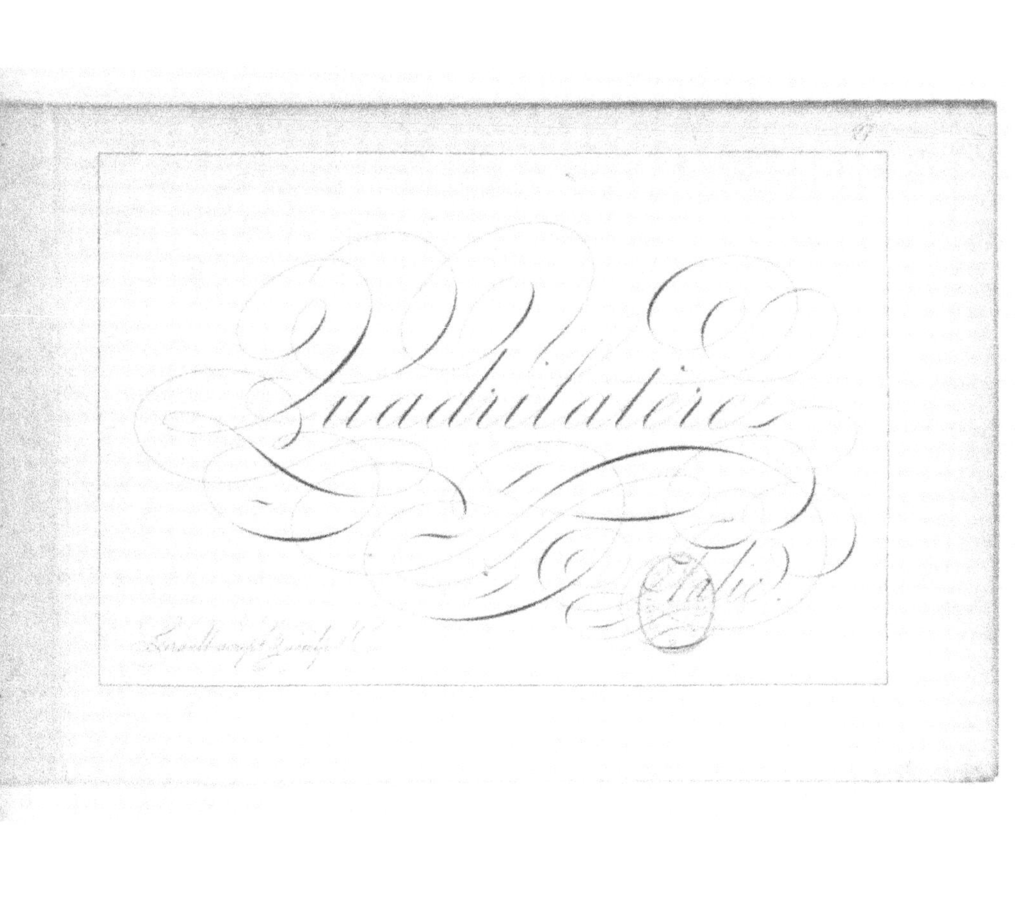
Quadrilatère
Italie

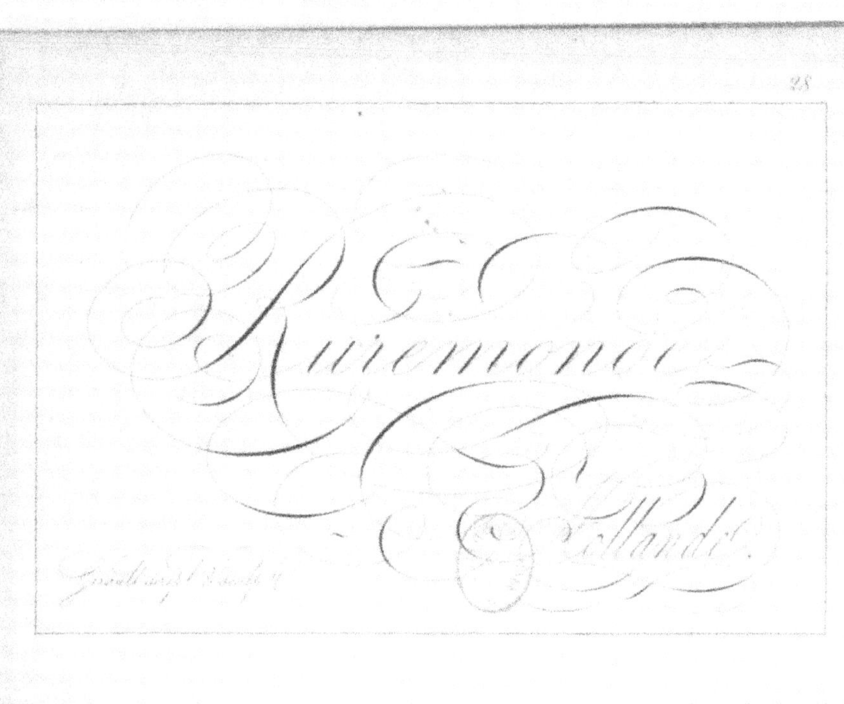
Ruremonde
Hollande

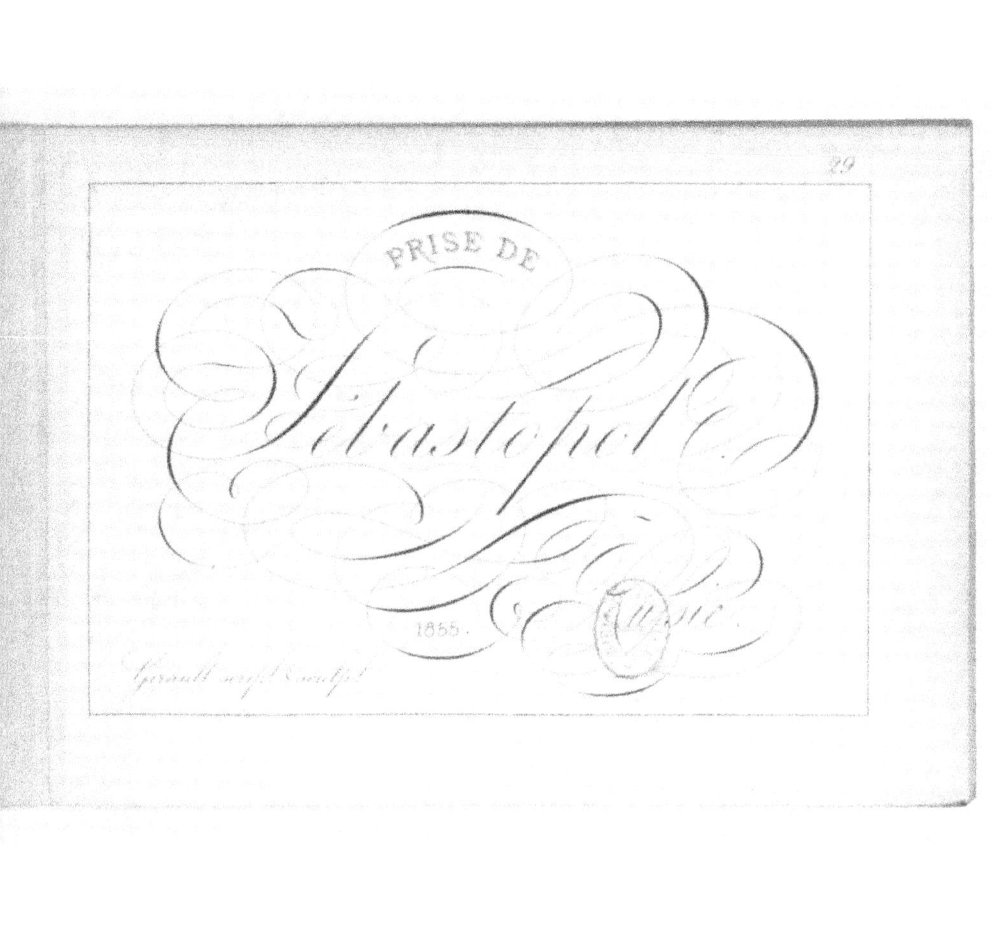

PRISE DE
Sébastopol
1855.
Girault scrips[?] Sébastopol

Le
Temps est Trésor
Ne le perdez jamais.

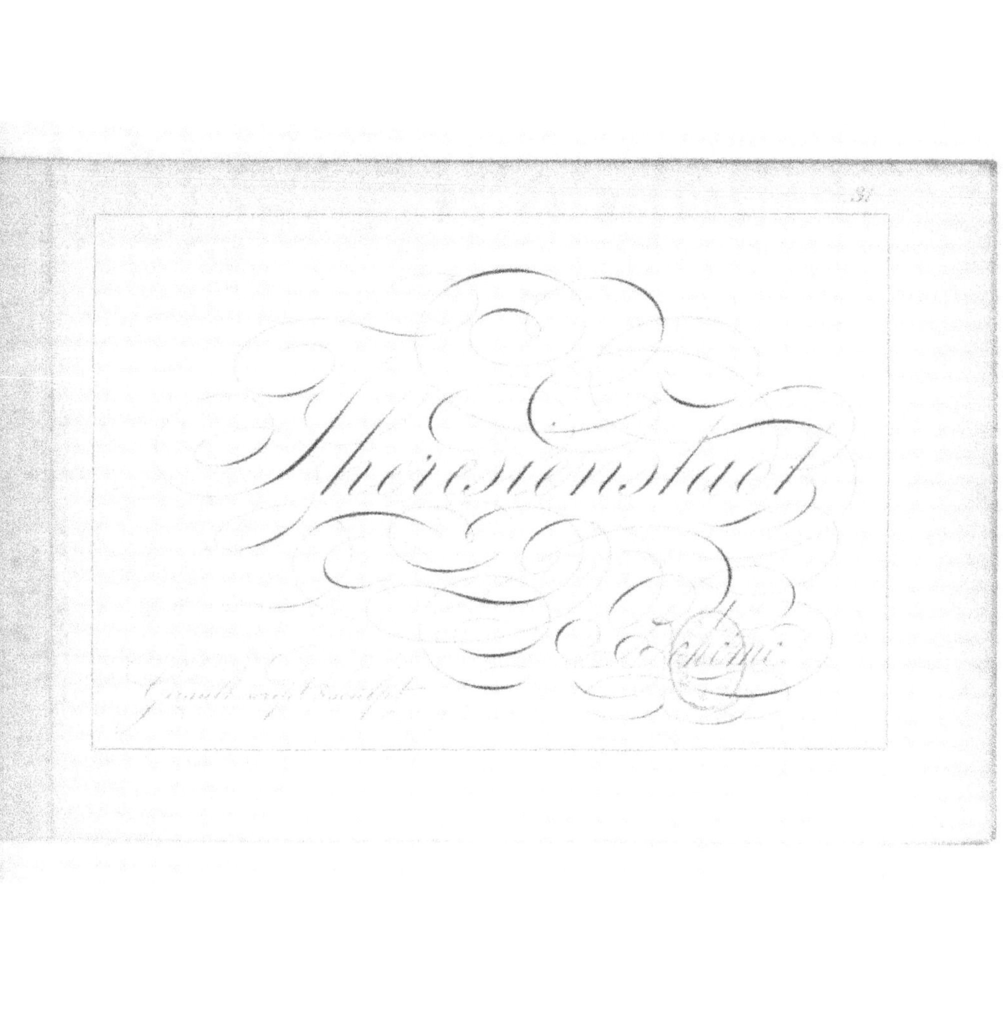
Theresienstadt

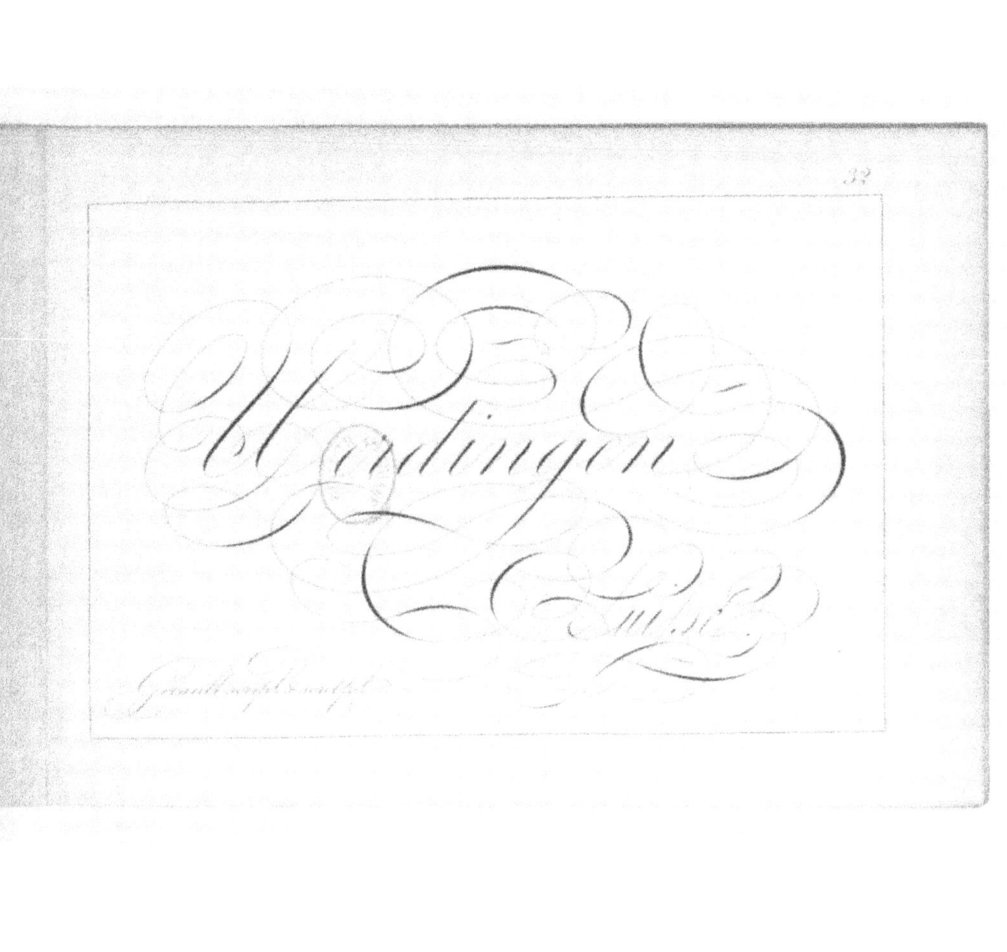

Washington

Amérique

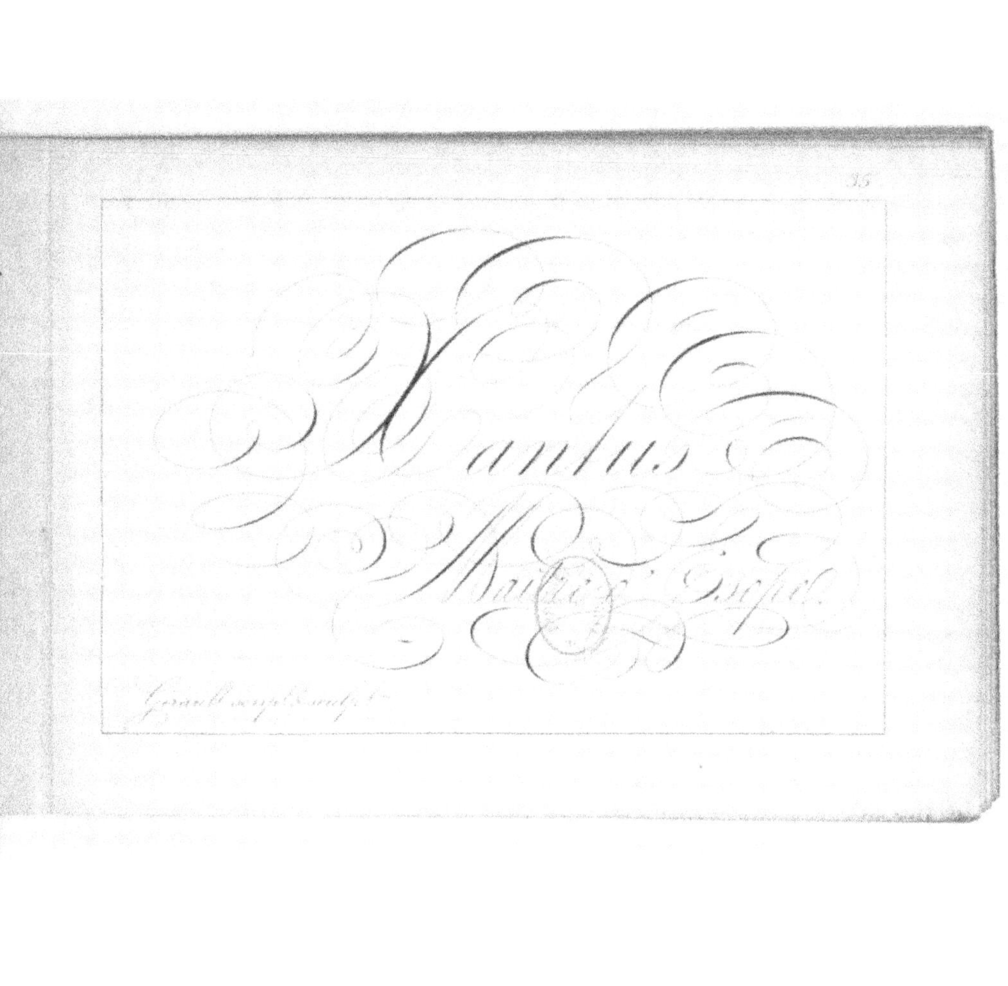

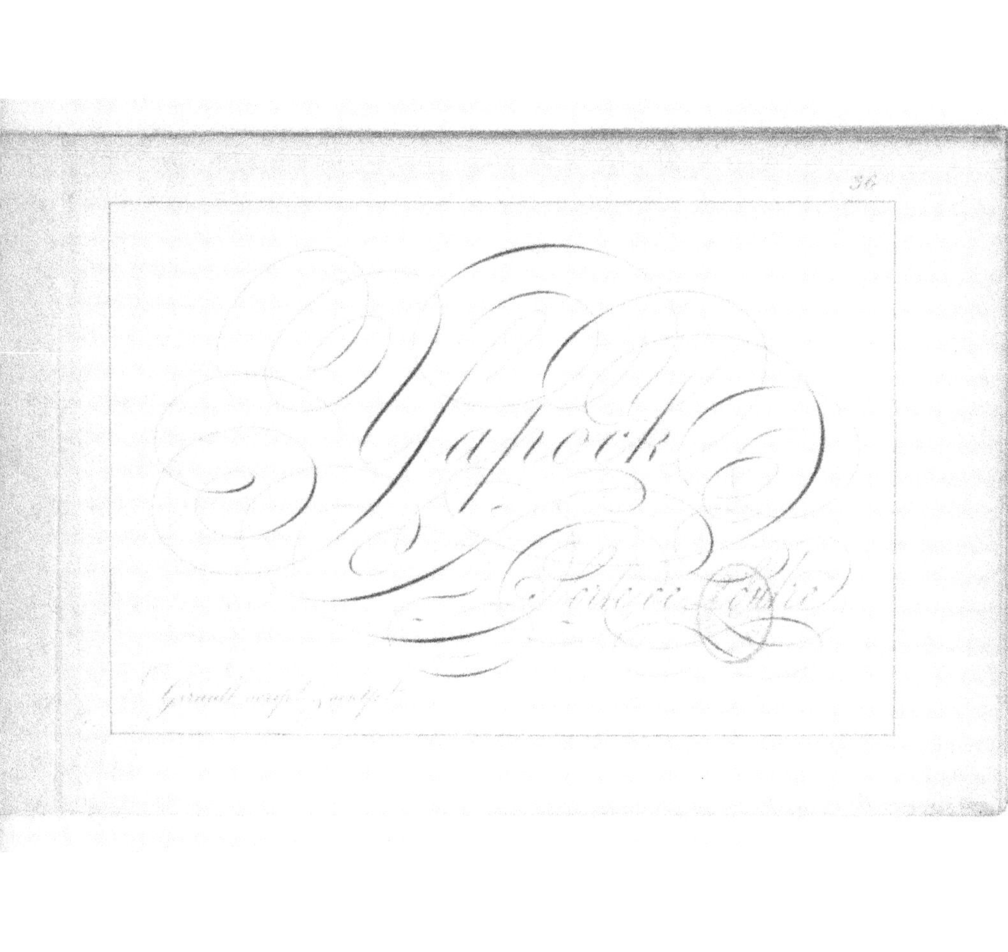
Yapock

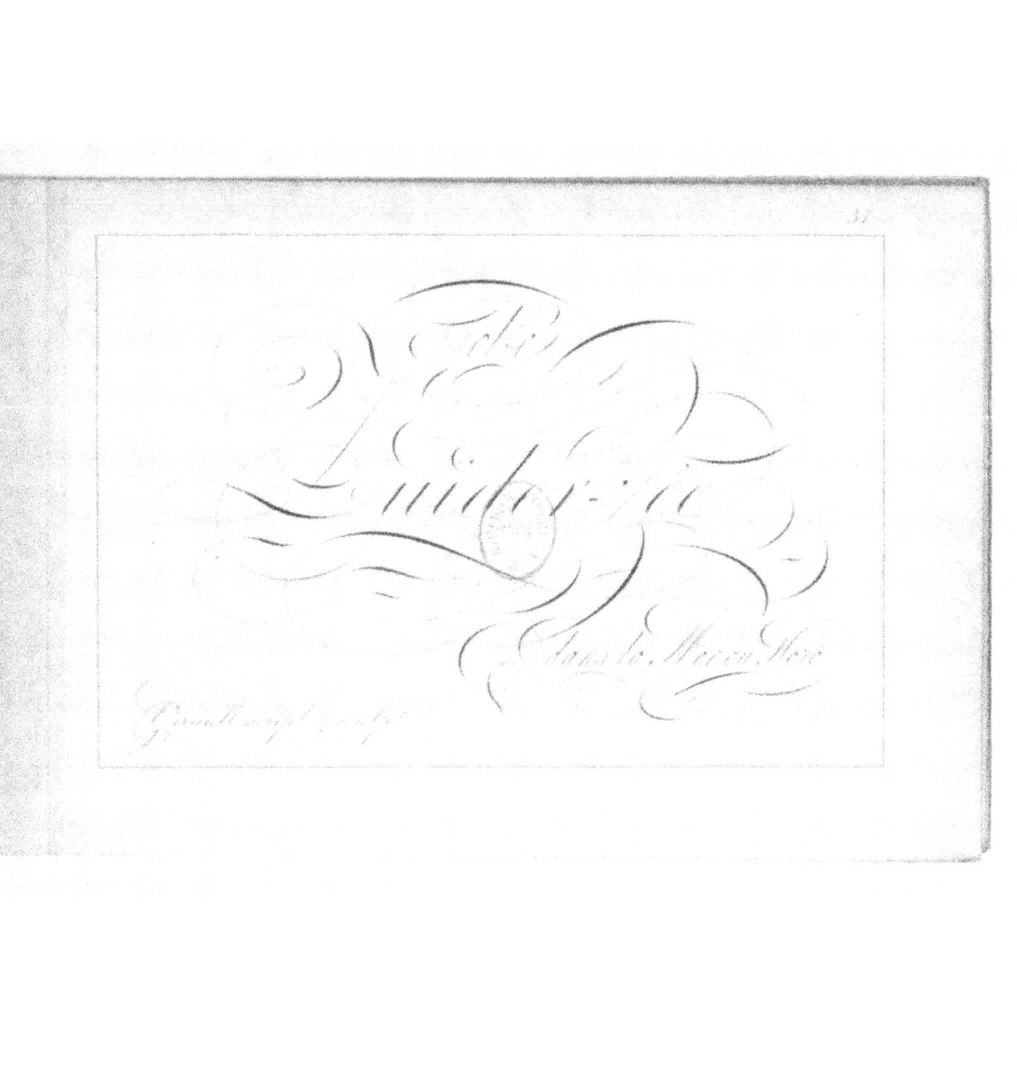

Paris, Lyon Marseille.

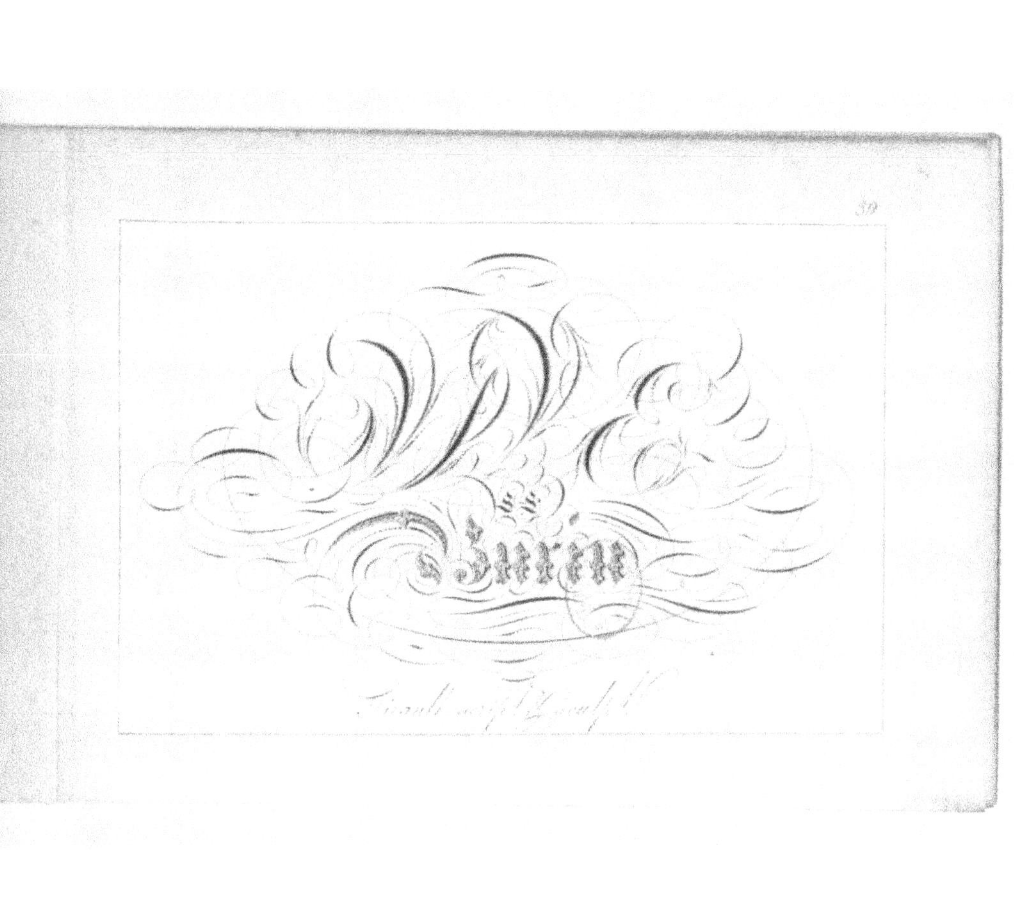

CASQUES ET COURONNES *(10 planches)*.

Dans les premiers temps de la monarchie, les titres de noblesse se désignaient par le casque qui surmontait l'écu indiquant l'arme de la famille.

Voici leur désignation : Nouvellement ANOBLI : le casque était d'acier poli à demi ouvert et de profil, la visière tournée à gauche.

Le casque tourné à droite, la visière entièrement baissée, indiquait le bâtard.

NOBLE ayant trois races successives de noblesse : le casque d'acier poli était de profil avec trois grilles à la visière.

GENTILHOMME ancien ou CHEVALIER : le casque, acier poli, était de profil avec cinq grilles à la visière.

BARON : le casque d'argent était de profil, avec sept grilles à la visière.

COMTE, VICOMTE, ou VIDAME : le casque d'argent était posé presque de front avec neuf grilles d'or à la visière.

Marquis : le casque d'argent était posé de front avec onze grilles d'or à la visière.

Princes, Ducs : le casque tout or posé de front, la visière presque ouverte et sans grilles.

Rois et Empereurs : casque de face, la visière entièrement ouverte et sans grilles.

Plus tard les couronnes furent substituées aux casques et cependant, en 1650, suivant Mavelot, graveur héraldique, les couronnes accompagnaient toujours le casque et le surmontaient suivant le titre de noblesse.

Depuis cette époque, on a supprimé le casque, et aujourd'hui on n'emploie que la couronne pour distinguer la noblesse titrée. (Voir les planches 1 et 2, pour connaître toutes les sortes de couronnes employées en France, ainsi que celles des pays étrangers.)

LAMBREQUINS.

Les Lambrequins sont des ornements qui accompagnent le casque et la figuration d'étoffes découpées en lambeaux. Ils varient, et leurs couleurs sont toujours suivant celles des émaux de l'écu.

DES ÉMAUX.

On compte onze émaux, savoir :

1° L'or qui est jaune ;	6° Le violet ou pourpre ;	11° Le contre-vair ;	Les Anglais ont en outre :
2° L'argent qui est blanc ;	7° Le noir ou sable ;	On dit aussi :	la sanguine ou couleur
3° Le rouge ou gueules ;	8° L'hermine ;	Vairé,	chair, l'orangée ou aurore
4° Le bleu ou azur ;	9° Le contre-hermine ;	Contre-vairé,	(Voir pl. 3, 4, 5 et 6.)
5° Le vert ou sinople ;	10° Le vair ;	Vair en pointe.	

CIMIER.

Cette marque de distinction remonte à l'antiquité la plus reculée. Le cimier représente ordinairement quelque figure de l'écu. Il est souvent de pure fantaisie et adopté par des membres d'une même famille pour opérer une différence dans les armoiries. On le met également au-dessus d'un chiffre comme emblème.

SUPPORTS.

On désigne par ce mot « supports » les animaux qui accompagnent l'écu, soit grimpants, soit autrement.

On appelle tenants, les Anges, Guerriers, etc., enfin tout ce qui ressemble à l'espèce humaine.

Les Rois de France avaient pour tenants deux anges, vêtus de cottes d'armes de France et revêtus d'une dalmatique qui est la robe de paix.

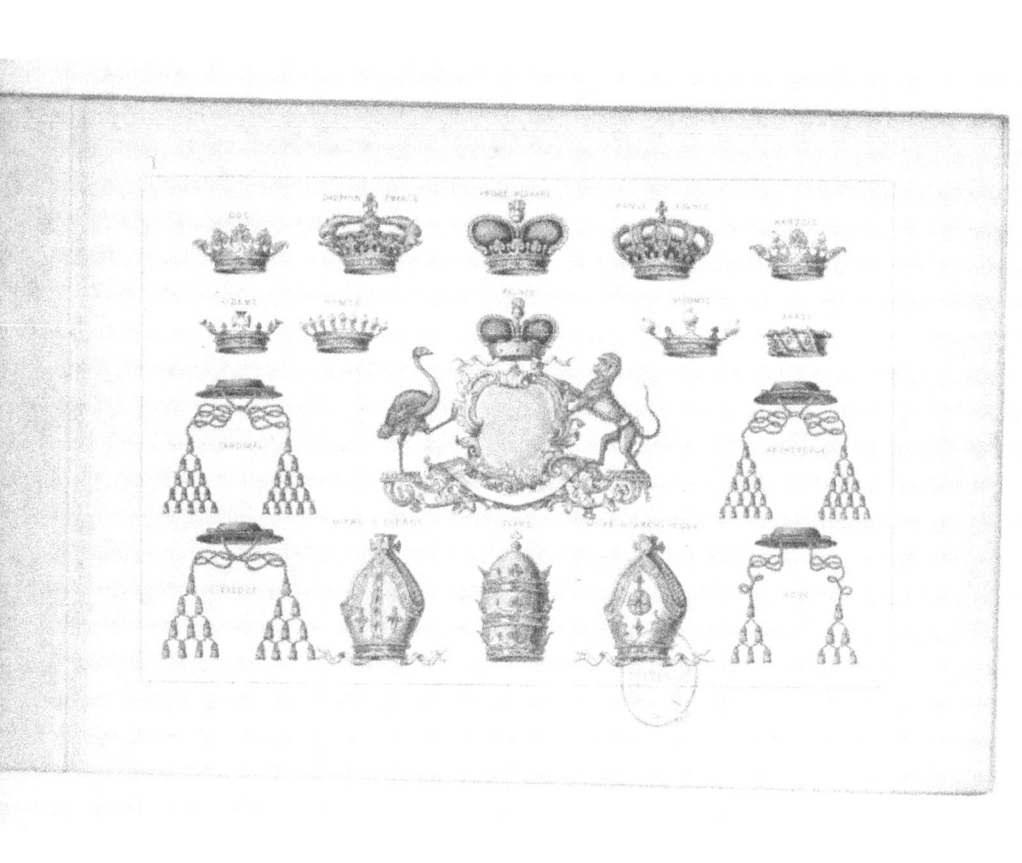

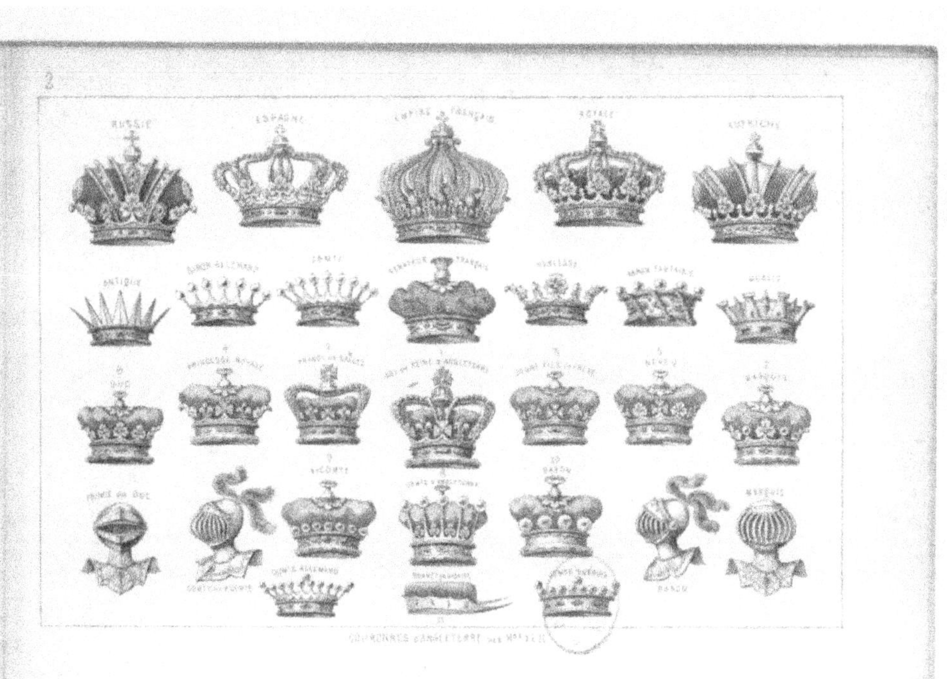

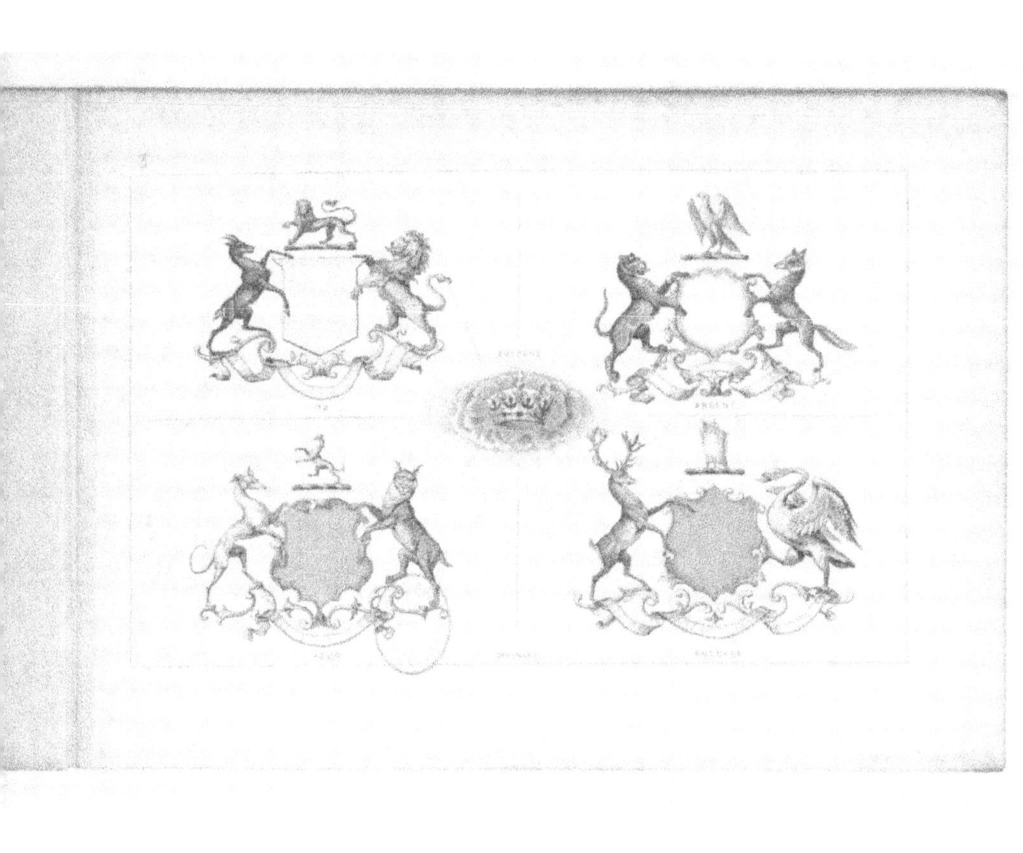

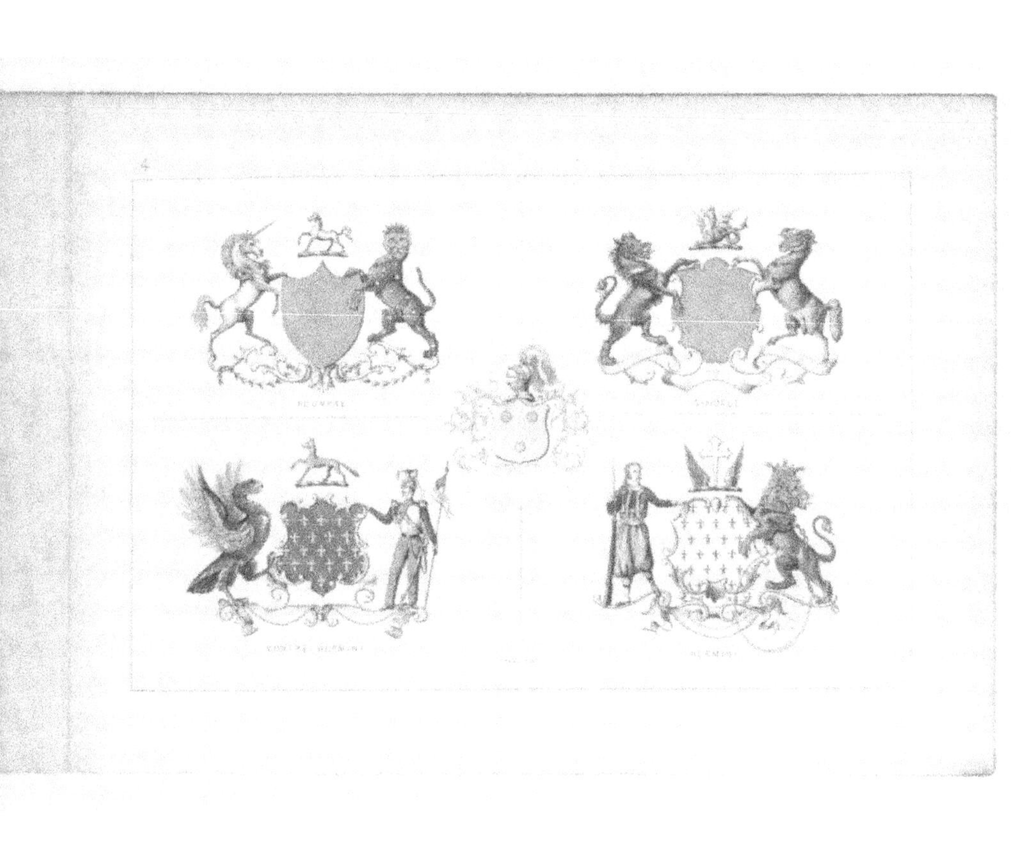

FAIRE EN POINTE
CONTRE-VAIRÉ
LAMBOUINE
CHAPÉ

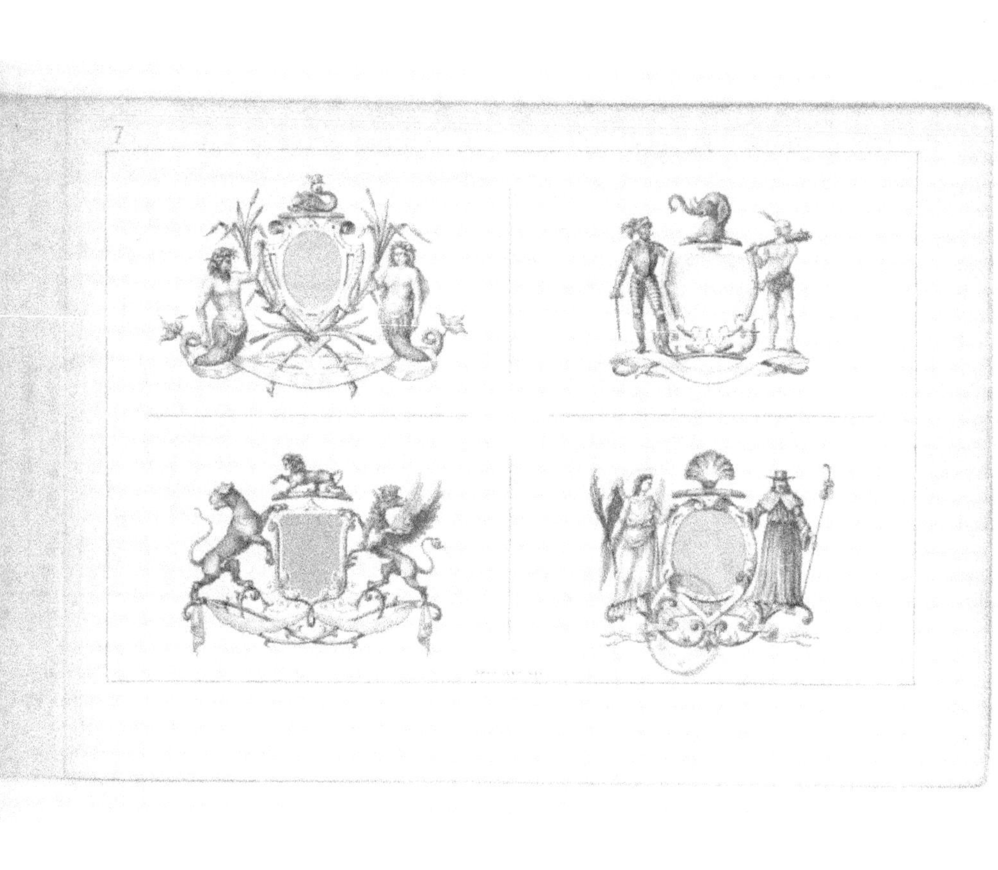

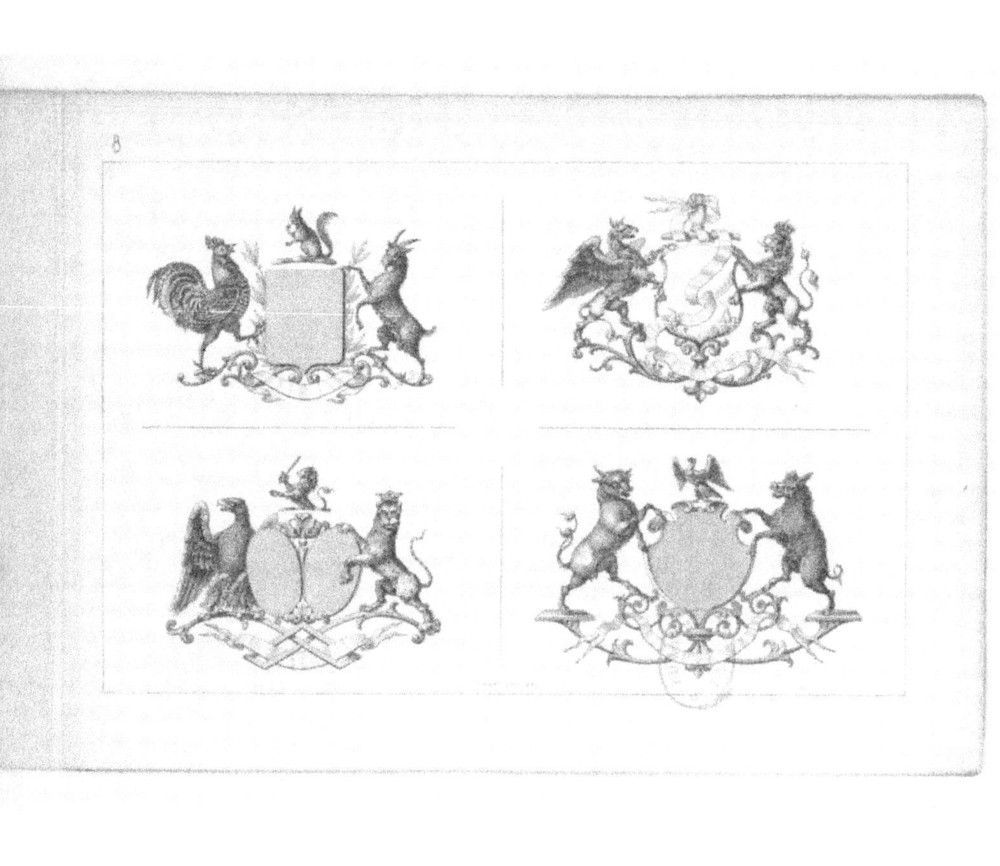

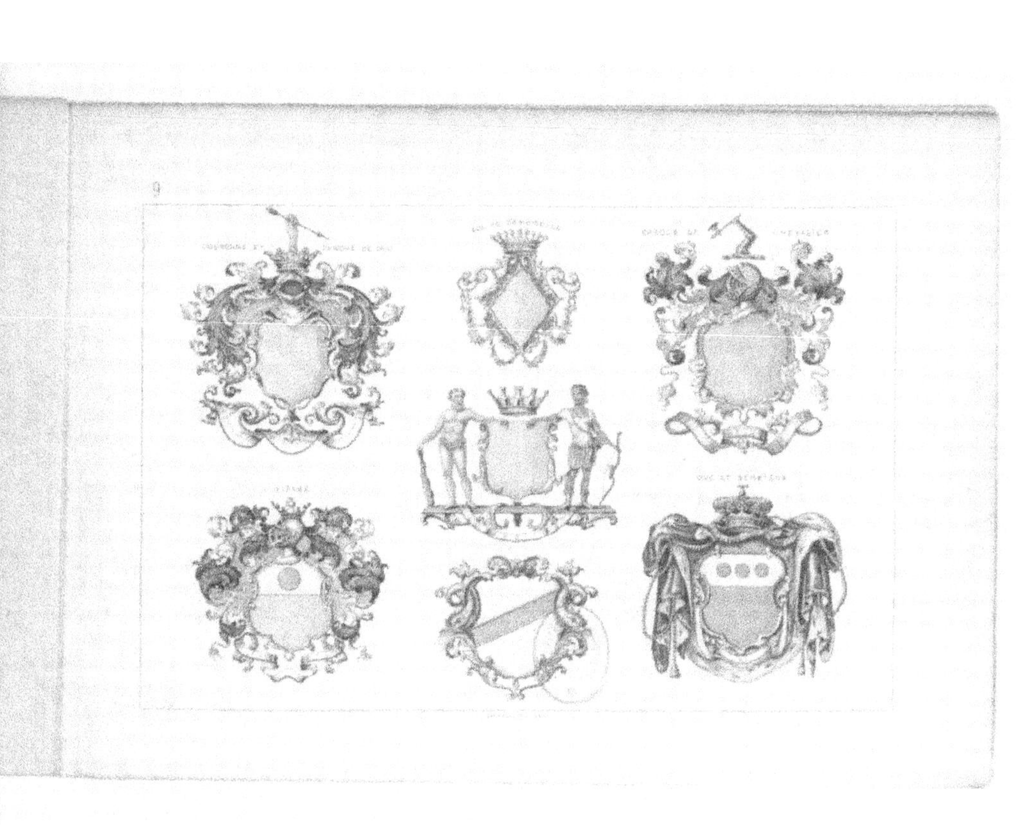

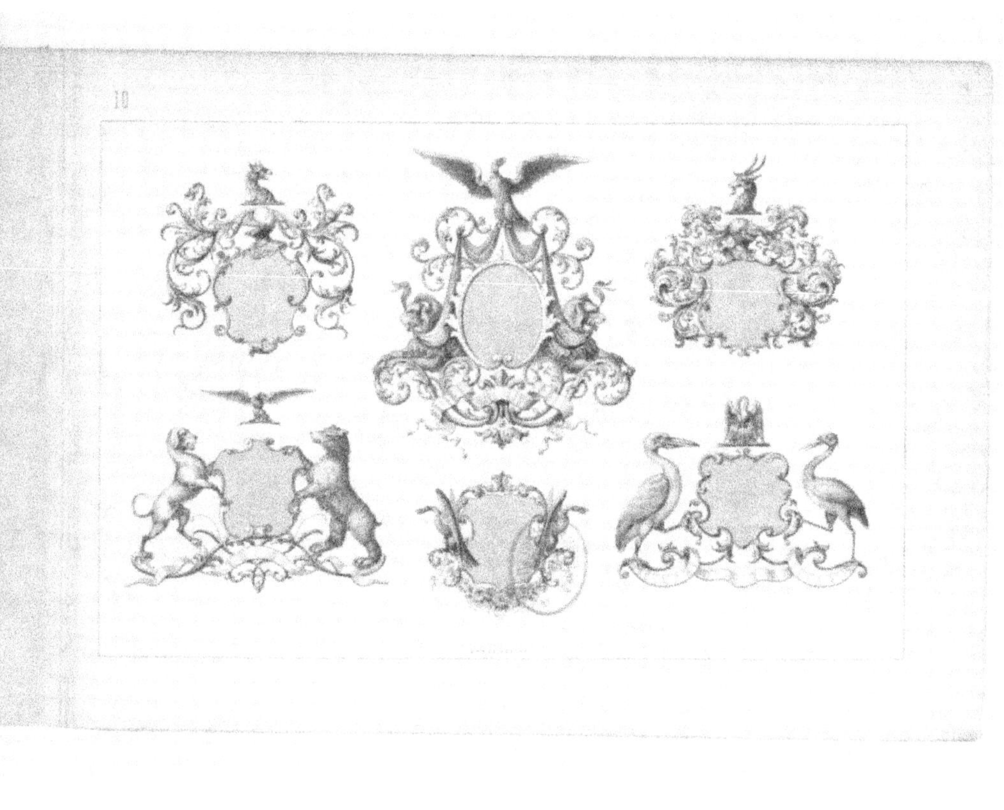

TABLE

Paris. Jules Bonaventure, imprimeur.